TRIZAS

TRIZAS

Carlos Zanón

ESPASA ES POESÍA

ESPASAesPOESÍA

Espasa, sello editorial
de Editorial Planeta, S. A.

Primera edición: mayo de 2025

Preimpresión: MT Color & Diseño, S. L.

Depósito legal: B. 7.309-2025
ISBN: 978-84-670-7590-8

Espasa, en su deseo de mejorar sus publicaciones, agradecerá cualquier sugerencia que los lectores hagan al departamento editorial por correo electrónico: sugerencias@espasa.es

www.espasa.com
www.planetadelibros.com

Impreso en España / *Printed in Spain*
Impresión: Liberduplex

Editorial Planeta, S. A.
Avda. Diagonal, 662-664
08034 Barcelona

El Ajetreo de una Casa
la Mañana después de una Muerte
es la más solemne de las tareas
desempeñadas en la Tierra–

Barrer el Corazón
y poner a recaudo el Amor
que no vamos a volver usar
hasta la Eternidad

EMILY DICKINSON

En el principio creó Dios los cielos y la tierra. Y la tierra estaba desordenada y vacía, y las tinieblas estaban sobre la faz del abismo, y el Espíritu de Dios se movía sobre la faz de las aguas. Y dijo Dios: Haya luz, y hubo luz. Y vio Dios que la luz era buena, y separó Dios la luz de las tinieblas.

La gracia

La gracia no atiende al mérito:
el primogénito muere.
El amor, una plaga bíblica,
un dios grosero,
una película de cuero negro.
Acostarse de desamor y no poder dormir.
Escribir *Love letters*,
al ritmo del gotear de la sangre de cordero
sobre otras puertas,
ojalá que también la tuya
que has ido huyendo para acabar
enfrentándote a lo que más temes.
Langostas en Memphis, también moscas,
río, noche y un Cadillac rosa.
Todas las estrategias, todas las trampas
no eran sino pasillos y mapas
para llegar al borde infinito de cielos y tierra
donde las canciones ya suenan como rezos,
y estos como árboles inmensos
que se desploman en lavabos y selvas.
Todas las tinieblas, estrellas muertas.
Todos los elefantes contra Alejandro.

Adrián pide un cigarro

Te duele la tripa y no importa.
Sangras, la ropa húmeda en el colgador
y abajo, en la calle, alguien se llama Adrián,
                    está borracho y pide un cigarro.
¿Va a fumar un cigarrillo, soldado Adrián,
va usted a hacerlo…? ¿Está seguro de ello?
El pijama meado aún no está seco
y tu cama apesta a paja y caballo, a polvo sin por qué
y ahora te duele la tripa de tanto beber
y sangras por el culo y Adrián, en la calle, canturrea
y supones que en los labios, mordido,
ya tiene un cigarrillo
aunque no podrías asegurarlo, príncipe Hamlet,
ni evitar estas ganas de ponerte a atravesar
a amigos detrás de cortinas
ni de volver a enloquecer a mujeres y madres,
llenar los reinos de asesinos y fantasmas,
porque ya es madrugada y tu padre muerto
más que justicia pide paz
pero tú, mientras estés vivo no se la darás
y Adrián tropieza y cae y te duele el ano

y soñaste con un amor que bailara como Salomé
alrededor de tu tumba y te sigue doliendo la tripa
y tu hijo que andará borracho pidiendo un cigarrillo
te ha dejado escrito que también te quiere
pero no es verdad y, si lo es,
qué importa eso detrás de una cortina.

Día de inventario

Es día de cierre: me quedo dentro.
El cartel en el escaparate:
Tarde de inventario.
Los cuchillos en la cocina,
los besos en las buenas noches.
Me encierro dentro hasta que las aguas
se separen de los cielos.
Mañana de inventario para olvidar todo,
contabilizar los extravíos, robos y mentiras
y recordar la certeza de que los fantasmas existen.
Lo que no existen son los vivos,
cuerpos entregados que se acuestan con sus amos,
violadas, adulados, compradas, abollados.
Es día de cierre porque todo se me queda dentro.
El mundo inhóspito, los vivos crueles:
sus cánticos, sus mataderos,
luz de gas como piedra de moler,
el recordar la certeza de que las amantes
sólo vienen si se las invoca
aunque no se recuerde ya las palabras ni las maneras,
porque después de ti, las iglesias suenan todas huecas

son sólo tablas, madera de crucificar santos.
Es cierre, día de inventario.
Almas en pena, pérdidas de tiempo.
Hoy sí, hoy me quedo dentro.
Un cajón con tornillos, en otro los hilos,
las llaves melladas duermen junto a las navajas.
Noche cerrada fuera.
Me encierro dentro.
Caja de marionetas rota,
mazurcas y gusanos.
Qué inmortalidad triste la mía:
nunca nadie
para ganar una guerra.

Balcón sobre la ciudad

La posibilidad de construir
un balcón sobre el cielo de la ciudad,
con dos tazas de café,
una cortina a modo de paraguas,
olvidando lo que nos dijimos anoche.
La sombra de la figura ecuestre
pisotea los techos de los coches aparcados.
Tú siempre con trabajo,
hablas sola como si yo ya no estuviera aquí
y quizás estés en lo cierto
y yo aún no lo sepa.
Todo lo que las palabras me dicen al tú retorcerlas,
todo lo que inventas mientras recuerdas
es un eco furioso contra los espejos,
desesperada conspiración esta de estar enamorado,
como si no repararas en las raíces
que bajo los árboles en la calle,
son ese mundo feo de caries, ajeno y violento
que quiere convertirnos
en horario de trenes y caimanes.

Y dijo Dios: Júntense las aguas que están debajo de los cielos en un lugar, y descúbrase lo seco. Y fue así. Y llamó Dios a lo seco Tierra, y a la reunión de las aguas llamó Mares. Y vio Dios que era bueno.

La espera

En tu habitación hay un armario blanco
y una luz que viene del mismo lugar
que el ruido en la calle:
coches y gente, también un autobús.
Un cuadro con dos cebras, la cama revuelta
y una espera que es mía y que me regalo.
Nunca busco nada
en los cajones de ese armario blanco
ni me levanto para cerrar la ventana
de donde llegan sonidos de ciudad:
coches, mujeres hablando,
una moto, siempre otro autobús.
Libros colgando de las paredes
y un espejo ovalado donde tu mirada
se queda atrás como en un cuento mágico,
al irte y al volver.
Nunca hago nada cuando no estás en casa.
No deambulo por las habitaciones
ni enciendo el televisor o rebusco entre tus papeles.
Ni salgo al balcón para no asustar a las palomas,
sino que me quedo quieto,

esperanzado en que la vida grande
pase de largo sin verme
y la vida pequeña me encuentre cuando llegues.

Unos ojos

Unos ojos en el extremo de un pasillo.
Eres esos ojos y ese pasillo estrecho.
Eres esos ojos de amor y tiburones.
Eres esos ojos
bajo tus cejas negras y eres esa calleja pequeña.
Eres esos ojos al final de un pasillo,
dentro de un cajón, calcetines y cerillas,
unos ojos y ese cajón y dentro los mismos ojos
que piden que me vaya, que me quede,
que deje de mantenerte la mirada,
que la agache, que te escriba luego,
que cruce la calleja estrecha y el pasillo estrecho
para que nadie se dé cuenta en la ciudad
de esos ojos y esta calleja.

Síntesis musical del alma brasileña

No hay nada más triste que un muerto que recuerda
escribe Gustavo Faverón
pero yo aún no estoy muerto y te recuerdo.
Nos he visto en una vieja grabación
y quizás eso fuera todo, quizás no nací para esto
sino para hacerte reír una y otra vez,
para que te sintieras protegido y querido,
para que cuando hablaras
te escucháramos tu madre y yo,
para que nos encontraras tras cualquier puerta,
espectros que sólo a ti no te asustaran.
Apenas puedo escribir esto sin sentirme feliz,
sabiendo que entonces no estoy muerto,
que probablemente tampoco ando triste
mientras suena Heitor Villa-Lobos
que hasta hace nada, nada significaba en mi vida
ni sabía quién era y resulta
que estaba dotado de una rica y arrolladora
[personalidad
así como de una vastísima y original producción
que puede definirse –definámoslo entonces–

como la síntesis musical del alma brasileña
y sonando él en mi estéreo
pienso en el montón de risas que tú y yo no
[recordábamos,
todas las ocasiones que sin Villa-Lobos
también fuimos felices,
lo que quise a tu madre, lo que te quise a ti.

Tu perro

No me di cuenta de lo solo que estaba
hasta que conocí a tu perro.
Cuando nos quedamos él y yo,
a solas, en tu casa,
él creía que me buscaba
pero fui yo el que, con la torpeza
de las viejas películas de amor,
jugué a hacerme el encontradizo.
Me gustó sentirlo a mis pies en la cama,
al lado en el sofá, pidiéndome comida
o siguiéndome a distancia
con la mirada torva del asesino
que ya no recuerda
cómo era eso de matar.
Le acaricié y le hablé, le mimé y le rasqué,
cualquier cosa con tal de que se sintiera querido
y no se fuera de mi lado.
No lo hizo. Prometí volver y volví.

Desvelo

Me desvelas y ya es definitivo.
No sé si significa algo este desvelo
pero van dando horas y, al final, me rindo,
y te pienso, te pienso y te vuelvo a pensar
mucho más detenida y científicamente,
como al extremo de la lente de un investigador,
un insecto letal y gigantesco,
hasta que te miro de igual a igual
y te veo dormida,
tan lejos de mí que la distancia
es un arco tensado
para una flecha que, de ninguna manera,
llegará a tiempo, pero qué más da:
estás y estoy.
Tranquila, tapada hasta el cuello,
lejos de tu furia, de tu ruido y siempre por nada.
Me desvelas y recuerdo
cuando era yo quien te desvelaba
y me preguntabas si estaba bien.
No sé ya si eso significa algo en este mundo,
a estas horas y a las otras,

cuando podía olerte sin necesidad de acercarme
y olías a tierra,
como si te bañaras en arena
y la arena estuviera hecha
de trazos de madera
en barcos dormidos de noche,
sobre sueño y cafés.
Puedo imaginar tu risa triste ahora,
cuando sepas de mi desvelo,
toda la vajilla de tu risa cayendo desde los armarios,
con todo el estrépito, en la cocina
para que, despierta tú, se despierte el mundo
y que, al mismo tiempo, el mundo siga a sus cosas
porque esto va sólo de ti y de ti
y del deseo que me desvelaba,
de estas ganas de enterrar mi cara en tu arena
y ser una ruina y ser desenterrado
dentro de un millón de años,
lejos de la furia, el ruido y el tiempo.

Del Edén nacía un río que regaba el jardín y desde allí se dividía en cuatro ríos menores. El primero se llamaba Pisón y recorría toda la región de Javilá, donde había oro. El oro de esa región era fino; también había allí resina muy buena y piedra de ónice. El segundo se llamaba Guijón, que recorría toda la región de Cus. El tercero se llamaba Tigris, que corría al este de Asiria. El cuarto era el Éufrates.

El sitio más feliz de mi vida
fue un descampado de coches
a la salida de un colegio.
Me da miedo escribirlo para que no me lo rompan,
para que no me lo roben,
y me digan que nunca estuve ahí,
que no fuimos felices –ellas, yo–,
en ese descampado de coches,
a la salida de un colegio.
Es tan injusto que ese sea
el sitio más feliz de mi vida.
Injusto para mi hijo, injusto para mis padres,
para la que fue mi mujer, para mis amigos,
para ella, para mí mismo,
pero para qué sentarse a escribir mentiras.
En ese descampado de coches
la esperábamos salir y no fui más feliz
jamás en ningún otro sitio.
El cielo por detrás y por encima era azul
como un poema en el fondo del bolsillo de un abrigo
y bendito sea Dios porque ni el suelo era asfalto

sino barro y piedras, huecos y agujeros.
Salía puntual, venía corriendo,
se cerraba alrededor de mis piernas.
Luego nos metíamos los tres en un coche rojo
y su madre nos llevaba a casa.

Tres perchas sin usar

Tres perchas en tu armario sin usar.
Dejé otras tres en otro armario
y mil más en casa.
Tramoya toda, obra fracasada por ensayar.
Me sé los gestos, me sé el texto,
trato de no tropezarme con los muebles
pero he de pensar unos segundos
antes de llamarte por otro nombre
o no llamarte.
Me preguntas a menudo qué siento.
Te miento a menudo
porque lo muerto también mata.
Tres perchas entre las que se esconden
los sueños cuando uno los sorprende
en medio de la noche,
y se te escapan de las manos,
mojados como nutrias,
hasta nadar por el suelo
hasta otra cocina, otra casa,
otro ningún lugar.
Y el ruido siempre una bomba.

No debería estar aquí,
No debería fingir que sobreviví al amor.
Tres perchas dentro de un armario,
tres en las que ahorcarse
los tres gatos de Don Melitón,
desde la altura de una corbata o un cinturón.
¿En qué momento las palabras
se muestran insoportables,
tornándose arañas venenosas
que dejan de esconderse bajo las piedras,
y las oyes subir escaleras,
bajar desde techos y escalones,
hasta destrozarte los nervios,
paralizarte el corazón,
convertirte en un hombre
con tres perchas en un armario sin usar?

La casa

Se cierra la puerta e infierno y cielo se quedan dentro,
sonidos amortiguados como saliendo de un Club en
[1995.
La puerta de la casa a la que nunca volveré.
Tenía la casa, como todas las casas,
un tejado y suelo a los pies.
En la entrada, un espejo.
La cocina a la derecha y una lavadora y las estanterías
donde se desarmaba y colocaba un aspirador.
En la cocina se solía hacer daño y se solía hablar y reír.
Dentro de la nevera
iban los alimentos que se podían estropear.
El resto, en botes de cristal: espaguetis,
fideos, garbanzos y lentejas.
En el piso de arriba,
alguien taconeaba de un lado a otro,
por lo que la casa además de tejado y suelo a los pies,
tenía, casi con toda probabilidad,
una inquilina bailarina.
La casa era bonita, para ti hoy no me queda clemencia.
A la izquierda, el comedor con un sofá rojo

donde nunca acabábamos de ver ningún capítulo
de serie alguna y restos de Halloween en los cuadros,
aquí y allá, en las paredes que llevaban al balcón,
por donde entraba el sol y donde ronroneaba
una máquina de aire acondicionado
que perdía agua
por mucho que la vendáramos y asistiéramos
con nuestros mejores últimos auxilios.
Libros en las estanterías, por el suelo,
en orden, tu orden.
Había otras habitaciones y un lavabo que no
[funcionaba.
El dormitorio lleno de risas y piel y también helor y
[daño.
Aquel amor fue muchas cosas, pero no una estafa.
Tu casa era muy bonita:
hoy por hoy no me queda más clemencia.

Señales de humo

Ya no quemas neumáticos en la carretera,
ni haces arder basura en la playa.
Al parecer acabó la temporada.
Me enterrarás junto a los otros niños en el jardín,
entre muñecas sin cabeza y grumos de ternura,
notas y dibujos, fotos y heridas.
Nunca te abandonaré.
Seré un tatuaje en tus venas
hasta que hagas de mí una señal de humo
que yo pueda ver desde lejos.

Abraham respondió: Aquí estoy, hijo mío. Isaac le preguntó: Aquí tenemos la leña y el fuego, pero, ¿dónde está el cordero que vamos a sacrificar?

Elsinor

Te despiertas de madrugada
envuelto o atrapado
en un sueño del que no recuerdas apenas nada.
En la calle, desde la ventana,
pasan los coches y alguien vuelve a casa,
borracho o así lo imaginas tú.
No le ves el rostro, está demasiado lejos
y tampoco importa: él no es parte del sueño.
Lo único que sabes de ese sueño
del que no recuerdas apenas nada
es que no te has encontrado con un fantasma
mientras hacías guardia en Elsinor
sino que el fantasma eras tú,
que tú eres tu padre
desde esta madrugada
del mismo modo que tu padre fue el suyo
desde otra madrugada sin fotos ni autos
y puedes hacer lo mismo que pudo hacer él: nada.
Siguen los coches dibujados en la calle desde esta
[ventana
y tienes una rata que te devora el estómago:

quizás un yogur o despertar a alguien
en el otro lado de tu cama
donde has dejado dormido a tu padre
enredado en un sueño
en el que no recuerdas apenas nada,
sino los ojos tapados,
corriendo hacia atrás y, a lo lejos,
los muros de Elsinor.

Estatuas ecuestres

Maravillosa melancolía
la de ver caer desde lo alto estatuas ecuestres,
en corveta o pies al suelo.
Desde la televisión no llega su ruido al chocar,
romperse, disloque y burla,
la humillación tanto de jinete como de caballo.
El dictador o el general,
ridículo ahora su brazo alzado,
patético hoy el porte imperioso
en posición de sentado sin silla ni orinal
y el caballo, quizás más digno,
pero triste este constatar
que, al llegar al suelo,
no se levante con un relincho
y eche a correr,
que sea, contra todas las apariencias,
una estatua y no un caballo.
La absoluta desmemoria de la turba,
como un remolino en la basura
gritando libertad, pan y Dios
mientras a empujones y con cuerdas

arrastran, en plazas y jardines,
estatuas ecuestres, un dictador por otro,
más sangre sobre bronce y polvo,
hierro y mierda.
Qué decepción que la estatua sean dos,
caballo y jinete, como un juguete de crío,
intercambiable, como el caballo de Velázquez,
a la espera del cliente o del santo que mataba moros.
Dicen que se podía saber el destino del jinete
descifrando el lenguaje de las patas del equino.
En corveta, muerte en batalla.
Una sola pata al aire, muerte por infección
de heridas en contienda.
Las cuatro en el suelo, muerte civil
y todas al aire, exilio o ejecución.
Bonita historia, mentiras, melancolía.

Viejas fotos

Las viejas polaroids de colores viejos
mientras tu madre parlotea para que no olvides
antes de que se muera
las mismas historias de siempre
que ya estarán inventadas y manoseadas.
Pobre mujer, cuánto la quiero.
Nos hemos quedado solos, ella y yo.
Solos con ese olor en su habitación
que nunca descubrimos si es naftalina,
las sábanas viejas que se resiste a tirar
o simplemente el cadáver de todo lo que pudo ir mal
[y fue mal.
En las dos mesillas de noche
tiene santos negros y fotos de nuestros muertos,
un vaso de agua y un libro de Historia
que le dejé y que ella finge estar leyendo.
Hace crucigramas y tiene letra de catedral gótica:
esas vocales con sombrero,
esas eles de «a sus pies, caballero»,
mayúsculas como muebles de caoba,
zetas con vestidos de cola.

Una familia es un exterminio
y este gato es tonto.
Ella dice que cree que es un perro,
un perro tonto, supongo.
Nos hemos quedado solos, ella y yo.
Se nos han muerto todos.
La dejo dormida en el sofá,
me marcho sin hacer ruido
y le adelanto el punto del libro
que finge estar leyendo.

Ronson

Mi madre te compró un Ronson
para celebrar algo, no recuerdo.
Podría marcar su número y preguntarlo.
Podría hacer tantas cosas.
De poder contestar, tú no te acordarías.
O recordar sería una de esas maneras tuyas
de hacer daño por que sí.
También podría arrancarte de mi cara
o decidir escribir de cualquier otro asunto.
Uno cree que puede hacer tanto en la vida
en vez de acabar haciendo lo de siempre
una y otra vez.
Recuerdo ese encendedor Ronson en tu mano,
ese sonido, esa llama,
su espinazo de animal metálico,
como un territorio masculino y protector,
mudo y miedoso, delator y poderoso,
roto por remembranzas
de partidos perdidos por la mínima
y jugadores colosales
a los que rompían las rodillas por la mitad.

Siempre la misma lección de que lo bueno acaba,
que lo bueno no nos pertenece,
guarda lo que te dejen,
confórmate, recula, renuncia, traiciona,
empata antes de ganar
y un montón de maneras
de romper el fuera de juego
sin que el árbitro lo vea.
Enloquecido, me maldijiste
y en tus insultos estuvo lo más sincero:
no soportabas mi arrogancia,
mi fatua superioridad de saberlo todo.
Meses después, quizás años, te moriste
como se mueren los animales sin dueño
y contigo se cerraron todas las preguntas
de las que no sabías las respuestas,
de las que temías las respuestas,
esas liebres que se mueven tan rápido,
que no se dejan detener una vez dichas.

Jabón de Marsella

Las iglesias hacen sonar sus campanas
al son de «Gentil Coquelicot».
Dédalo de calles, jabón de Marsella,
el mundo se me desangra poco a poco.
De niño soñaba con tener mil vidas,
cada una de ellas en un país
y en cada país una mujer, un amor, una familia.
Jabón hecho de aceite de oliva:
jabón de Marsella.
Alguien a mi lado
tararea «Gentil Coquelicot»
y me anima a seguirle, pero no puedo
porque, al final de este viaje cansado,
todo pasó rápido y no me enamoré aquí,
no viví aquí, no dormí o comí aquí,
no tuve hijos y nietos aquí,
amantes, calles y amigos tampoco aquí.
Pasan mujeres delante de mí
y el viejo que soy no se atreve a mirarlas
porque ya no soy digno de su juventud ni de su sexo.
No mires, no toques, no desees Marsella.

Es tiempo de refugio en portales,
esconderse en libros, torres y catedrales,
sin números en las calles del barrio armenio,
para que los recuerdos
lleguen segundos tarde y no te encuentren
y puedan degollarte mientras,
en los bolsillos del abrigo,
abierto de par en par
perfume de jabón de Marsella.

Fantasmas en casa

He pasado de la habitación al sofá
y hasta allá he arrastrado las mismas pesadillas
y, al despertar, estaba tan asustado
que he pensado volver a nuestra cama,
quitarte el sueño para hablarte
de mi terror,
que me abrazaras
pero no lo he hecho
y me he quedado quieto
hasta que el propio sueño
se ha ovillado dentro de sí mismo.
En el sueño estaba mi padre
y una estantería donde se colocaban mal los libros,
gente hablando francés y un barco
a merced de un viento diabólico
y también una tumba de alguien que maté
pero que no recordaba.
No había esperanza en el mundo.
No había compasión ni ternura.
Sin embargo, horas más tarde,
desayunando juntos,

en la cocina de siempre
hemos reído y he vuelto a creer
que no nos volveríamos a hacer daño.

Jesús le dijo: Ve, llama a tu marido, y ven acá. Respondió la mujer y dijo: No tengo marido. Jesús le dijo: Bien has dicho: No tengo marido; porque cinco maridos has tenido, y el que ahora tienes no es tu marido; esto has dicho con verdad. Le dijo la mujer: Señor, me parece que tú eres profeta.

Dios concede llamadas

No fue una noche distinta
pero se convirtió en una noche diferente,
como esos momentos
en los que eres otro y el mismo a la vez.
En los que no sabes qué pasa.
Sientes que hay alguien detrás de ti.
Bebes todas las cervezas sin sed,
te haces una tortilla de dos huevos
para fingir que acompañas las tres cervezas.
Pero esa no fue la noche, no aquella.
En esa llegué a casa no lo suficiente bebido
como para no tener miedo.
Me tendí en la cama
y el miedo se transformó en pánico.
Cerré los ojos y empecé a llorar
y traté de recordar una oración
y no recordaba ninguna,
y busqué mi móvil
y escribí Padre Nuestro y, luego, Virgen María
y era ridículo, era terrible y ridículo,
verme llorando y leyendo un rezo

en la pantalla de un Android
pero eso fue lo que sucedió
en aquella noche diferente que fue distinta.
Recordaba el rezo al mismo tiempo que leía
porque no es cierto que sólo se recuerda lo olvidado,
sino que hay un autobús
que cada noche se pone en marcha mientras llueve
y se lleva nuestros cuerpos a rastras,
y así a través de los ojos llorosos,
mientras rezaba pedí a Dios
–ese Dios que no existe,
ese Dios en el que no creo ni creí jamás,
ese Dios judío, ese Dios imposible,
con cara de hombre y manos y dedos de asesino,
crucificado, lacerado, resucitado–,
pedí a ese Dios, llorando en la cama,
un hombre viejo yo, solo y aterrado,
llorando, rezando y pidiendo
a ese Dios de la infancia, ese Dios ridículo,
ese Dios indiferente y enfurecido,
compasivo, enigmático o benevolente,
descalzo, con túnica, barba,
ojos grandes y apóstoles,
a ese Dios pedí
que llamaras al día siguiente
y lo hiciste
y ojalá no lo hubieras hecho

pero volví a rezar para darle las gracias
y volviste a llamar
y ojalá no lo hubieras hecho
tampoco esa vez.

Camiseta de Johnny Cash

Me gusta recordarte dentro de tu camiseta de Johnny
[Cash,
leyendo en el sofá historias sobre Francisco de Asís.
Los ojos te brillan, a menudo,
se mueven dentro como canicas celestiales,
y parecen querer chocar contra la vida,
mirarla sin miedo,
perderse en uno de esos jardines
donde prometes llevarme.
Has preparado espaguetis.
Has vertido todo el amor que no quieres derramar.
Has calculado la luz del día necesaria
para que sobreviva nuestro mundo.
Apenas te oigo respirar por la noche.
Parece que desaparezcas
para volver, a la mañana siguiente,
con una sonrisa en forma de cometa
que hubieras encontrado en el suelo.
Me gusta verte andar cuando finges no hacerlo,
la maleta abierta en el suelo como una ofrenda,
el calor de tus manos en mis heridas,

siempre demasiada naranja y poco chocolate.
Has intentado galletas con demasiada naranja y
[poco chocolate o acertar comprando otras.
Has guardado cervezas en el congelador.
Has decidido quedarte.
Apenas te oigo olvidarme por la noche.

El espejo

Nos atrapó un espejo.
Casi no me dio tiempo de avisarte que no sonrieras.
Bastaba con mirar el reflejo.
Artemisia estaba desnuda,
tu cara de mujer, limpia, el cuerpo menudo
y con los brazos aferraba
la testa de Holofernes degollado
sobre sus piernas de centauro.
El asirio, yo mismo, cerraba los ojos pero se veía,
confiado en tu cuchillo, en tu manera
de hacerle perder la cabeza.
Eran, éramos, un hombre y una mujer.
Sólo eso, todo eso.
Habían pasado cosas, muchas más pasarían,
todas remarcables sin lugar a dudas,
no seré yo quien diga lo contrario.
Estaciones con dos salidas y librerías
sin uno solo de los libros que buscábamos.
Con el pie tocabas mi pierna,
noche y madrugada,
a intervalos,

para cerciorarte de que seguía allí,
contra la verja de un extremo de nuestra cama,
cordero aún herido del reflejo de tu amor
[mentiroso,
del calor, de la ropa que se te enreda
y no te deja dormir,
en el tacto
que se convierte en sexo
sin pensar y acaso sin saber
o quizás por eso y nada importa.
Pasó también tu carita enmarcada en capucha
[moscovita
que sólo a Ana Karenina y a ti
podría quedar bien: esos ojos grandes,
color iceberg y esa forma de hacerte esguinces
en tobillos, calles cruzadas y sentires.
Pasó un juego de camas y de sillas para pedirse café
y el miedo como dibujo de aguas,
burbujas y remolinos
que no dejan surcos ni cicatrices
en tu cuerpo elástico,
tuyo y poderoso, que me deja, a ratos
ser una escalera a una foto enmarcada,
a la mesa puesta con mantel y asomados de
[puntillas.
La cabeza en tus brazos, contra tu pecho:
sólo un hombre, sólo eso,

en los brazos de una mujer,
esperando que le cortes el cuello.
Sólo eso: suficiente, todo.

Jesús salió de la ciudad y, como de costumbre, se dirigió al monte de los Olivos y sus discípulos lo siguieron. Cuando llegaron al lugar, les dijo: «Oren para que no caigan en tentación». Entonces se separó de ellos a una buena distancia, se arrodilló y empezó a orar. Cuando terminó de orar y volvió a los discípulos, los encontró dormidos, agotados por la tristeza. «¿Por qué están durmiendo? –les exhortó–. Levántense y oren para que no caigan en tentación».

Cuarto piso

Es un cuarto piso y si dejas las ventanas abiertas
puedes estar en la cama,
esperando que corra el aire
decidir si cenar o no,
si tirarte o no.
Eso es todo lo que ganaste,
el aire entre las ruinas de un cuarto piso
que discurre entre los muebles
y tu desaparecer.
Odias y amas a quien te odió y amó.
A quien te retuvo y a quien te dejó marchar.
Tú no importabas, a ti todo te daba igual.
Andan brujas y madres, ángeles y jeringuillas,
arañas y mulas, escondidas en sus casas,
con sus maridos y sus hijos,
y, llegado el caso,
tú y ellas, ellas y tú,
os negaríais tres veces si fuera menester.
El ejército diezmado, reducido a ti,
en el mapa dibujadas
órdenes, ríos y cerros inventados.

Todo es ridículo: la comida en tu nevera,
los números de teléfonos, las fotos viejas.
Nadie te avisa, tú no escuchas a nadie.

En el monte de los olivos

Te busco para besarte en el monte de los olivos.
Es mi forma de reconocerte, marcarte y señalarte
y decirte, quizás, que no pude hacerlo mejor.
No te quiero muerta ni olvidada,
aunque me lo oigas decir,
sino encima de mi pecho,
dura como una piedra mojada,
signos y sortilegios,
tizas sobre pizarra,
mientras descubres que en todo este tiempo
he escrito tu nombre aquí y allá
para que lo pudieras leer y luego borrar
con la manga de tu blusa,
aquella que yo calentaba por dentro
pero esta noche de confusión y preso
te delataría para que te quedaras
conmigo y tus mentiras,
me dejaría deshacer
como la luna se desmenuza
en huesos entre ramas de olivos
y en un descuido besarnos y delatarnos
para ser cualquiera menos nosotros.

Un pliegue

En ocasiones, la Vida tiene un pliegue.
Un pliegue no es una puerta ni tampoco una
[escalera.
Sólo un pliegue, una oportunidad,
la doblez con la que se esconde un mensaje
en un papel, el rastro sobre el suelo
del bajo del vestido que se arrastra,
las placas tectónicas, entrar en tu cuerpo bonito,
pliegues todos ellos.
Sin un pliegue el abismo es espejo
y el corazón segrega el licor
que la mente querrá convertir en veneno.
No me lo quites, no me lo niegues.
Ahora sé que el amor
es también un pliegue en las sábanas,
lo primero que te dice al despertar que estás vivo.
Un cuerpo caliente dentro de un mensaje,
que estando ya se añora,
y todo lo demás
es de una belleza que no importa.

Tarifa, Edimburgo, teléfono

Caigo al suelo, es blando y terrible esta vez,
moqueta de hotel, Ardbegh,
con una ventana amarilla al cielo.
Mientras marco tu teléfono y contestas
y te veo a contraluz,
un sol español detrás de ti,
a mil kilómetros de aquí
y me digo que bien sabría ahora
probar tu boca,
arrancar la sinfonía inacabada
desde el acorde perfecto.
No recuerdo, sólo invento, no puedo recordar
tus besos borrachos,
con la boca cerrada, con la piel abierta.
No consigo recordar
un instante en que te olvidara de veras,
sin esforzarme a hacerlo.
Cómo puedo pedirte sin decepcionarte
que no me falles,
que esta vez no me dejes escapar.
Repartes pareja de doses toda la noche

pero en ocasiones, soñamos con las mismas cosas,
con trenes y sexo.
Cuelgo y desde el suelo miro el cielo
a través de una ventana amarilla
y pienso que debería arrancar marco y lienzo
con una sola pincelada.
Nunca me deseaste,
quizás tampoco me quisieras nunca del todo
pero ya no importa:
casémonos y así quitemos la razón al mundo.

Ventolera

Tu recuerdo asalta en sueños
como la ventolera que abre las ventanas de casa,
esa noche de tormenta que no parece real.
Después de tanto tiempo.
Después de para qué.
Después de ti y de mí.
Por qué se me descosen las heridas
si ya no tiene sentido hacerlo
ni la distancia que queda
entre una mirada y su despedida,
abajo, en la calle de una ciudad extraña,
en la que podría arrastrar mis nudillos
hasta arrancarme un nombre distinto
en cada esquina,
sin tener canción o verso,
metraje irregular o refugio.
No hay bicicletas rotas,
ni teléfonos,
no hay camino a casa,
no hay lugar ni tazas o papeles
en nuestra tierra sagrada.

Todas las fotografías en la casa vacía
están mirando a la puerta,
por si suena el cascabel,
muerde la serpiente
o regresas.

Nota del autor

Banco de sangre (Espasa, 2017) ha sido hasta la fecha mi último libro de poemas. Nunca pensé que fuera mi despedida del género, pero los años pasaban y como decía Félix Grande no es que uno deje de escribir versos, sino que la poesía se enfada y te abandona y vuelve cuando quiere, si es que vuelve. Como el Dios del Antiguo Testamento, es celosa y caprichosa así que se pone fea, se larga, te convierte los ojos y manos en ojos de narrador, periodista o funcionario de la palabra común y sensata. Pero entre tú y yo, creo que ha vuelto a casa. Lo digo bajito: no quiero que se vuelva a ir.

Siempre fui consciente que el dejar de escribir regularmente poesía coincidió con hacerlo en una columna semanal de *La Vanguardia*, piezas que quise literarias y no periodísticas ni siempre atadas a la actualidad, ya que no pretendía olvidarme ni por un instante que no soy ni sé ser periodista, que soy escritor. Pero siempre supe que muchas de esas columnas hubieran acabado siendo poemas. Eso mantenía mi esperanza en que la poesía no se hubiera ido del todo.

Trizas empezó siendo un rebuscar en el cajón de lo que había escrito todo este tiempo, pero de todos esos poemas sólo se quedaron dos, quizás alguno más. La mayoría están escritos en los últimos meses y el resto, los últimos dos o tres años. He tratado de enfocar la mirada y no bajarla ante mi padre muerto, mi madre, mi hijo, mi amor y mi soledad, mi fuerza y, por supuesto, mi fragilidad. Los he repasado lo suficiente como para saber que no bajé los ojos. El talento y el oficio va a tramos y a gusto, pero como algunos compositores de canciones, la verdad está ahí, se queda deslumbrada unos instantes y se va por lo que has de atraparla en el aquí y ahora, y luego ir con cuidado en el trabajo de taxidermia.

En *Trizas* hay tres o cuatro de los mejores poemas que he escrito nunca. Ojalá lo haya conseguido. Lo digo sin vanidad. Llevo desde los catorce años escribiendo versos. Ya es hora de que sepa hacer alguno realmente bueno. Ojalá, lector, encuentres más de los que me concedo.

Quisiera acabar estas líneas para agradecer su paciencia, cariño y buen hacer a mi editora, Viviana Paletta, y a todos a los que quiero, me quieren y esos líos maravillosos de quererse o haberse querido.

Índice

En el principio creó Dios
los cielos y la tierra

Del Edén nacía un río
que regaba el jardín

Abraham respondió:
Aquí estoy, hijo mío

Jesús le dijo: Ve, llama a tu marido,
y ven acá

Jesús salió de la ciudad y, como de costumbre, se dirigió al monte de los Olivos